EMPFOHLENES BUCH:

Wer bist du wirklich?
Ein Guide zu den 16 Persönlichkeitstypen
ID16™©

Jarosław Jankowski

Wieso sind wir so verschieden? Wieso nehmen
wir auf unterschiedliche Art Informationen auf,
entspannen anders, treffen anders
Entscheidungen oder organisieren auf
verschiedene Weiseunser Leben?

„Wer bist du wirklich?" erlaubt es Ihnen, sich
selbst und andere Menschen besser zu verstehen.
Der im Buch enthaltene Test ID16 hilft Ihnen
dabei, Ihren Persönlichkeitstyp festzustellen.

Ihr Persönlichkeitstyp:
Idealist
(INFP)

Ihr Persönlichkeitstyp:
Idealist
(INFP)

Serie ID16$^{TM©}$

JAROSŁAW JANKOWSKI

LOGOS MEDIA

Ihr Persönlichkeitstyp: Idealist (INFP)

Diese Veröffentlichung hilft Ihnen, Ihr Potenzial besser zu nutzen, gesunde Beziehungen zu anderen Menschen aufzubauen und richtige Entscheidungen auf Ihrem Bildungs- und Berufsweg zu treffen. Sie sollte aber keineswegs als Ersatz für eine fachliche psychologische oder psychiatrische Beratung angesehen werden.

Der Autor sowie der Herausgeber übernehmen keine Haftung für eventuelle Schäden, die aufgrund der Nutzung dieser Publikation entstanden sind.

ID16™© ist eine vom Autor geschaffene Persönlichkeitstypologie, die nicht mit Typologien und Tests anderer Autoren oder Institutionen verglichen werden kann.

Aus Gründen der Lesbarkeit wurde im Text die männliche Form gewählt, nichtsdestoweniger beziehen sich die Angaben auf Angehörige beider Geschlechter.

Originaltitel: Twój typ osobowości: Idealista (INFP))
Übersetzung aus dem Polnischen: Wojciech Dzido, Lingua Lab, www.lingualab.pl
Redaktion: Martin Kraft, Lingua Lab, www.lingualab.pl
Technische Redaktion: Zbigniew Szalbot

Herausgeber: LOGOS MEDIA

Druckausgabe: ISBN 978-83-7981-132-8
eBook (EPUB): ISBN 978-83-7981-133-5
eBook (MOBI): ISBN 978-83-7981-134-2

Inhaltsverzeichnis

Einführung

Ihr Persönlichkeitstyp: Idealist (INFP) stellt ein außergewöhnliches Nachschlagewerk zum *Idealist* dar, einem der 16 Persönlichkeitstypen ID16™©.

Dieser Guide ist Teil der Serie ID16™©, die aus 16 Bänden besteht, die den einzelnen Persönlichkeitstypen gewidmet sind. Sie liefern auf eine ausführliche und verständliche Art und Weise Antworten auf folgende Fragen:

- Wie denken und fühlen Menschen, die zum jeweiligen Persönlichkeitstyp gehören? Wie treffen sie Entscheidungen? Wie lösen sie Probleme? Wovor haben sie Angst? Was stört sie?

- Mit welchen Persönlichkeitstypen kommen sie gut klar, mit welchen hingegen nicht? Was für Freunde, Lebenspartner, Eltern sind diese Menschen? Wie werden sie von anderen betrachtet?

- Was für berufliche Voraussetzungen haben sie? In was für einem Umfeld arbeiten sie am effektivsten? Welche Berufe passen am besten zu ihrem Persönlichkeitstyp?

- Was können sie gut und an welchen Fähigkeiten müssen sie noch feilen? Wie können sie ihr Potenzial ausschöpfen und Fallen aus dem Weg gehen?

- Welche bekannten Personen gehören zum jeweiligen Persönlichkeitstyp?

- Welche Gesellschaft verkörpert die meisten Charakterzüge des jeweiligen Typs?

In diesem Buch finden Sie ebenso die wichtigsten Informationen zur Persönlichkeitstypologie ID16$^{TM©}$.

Wir hoffen, dass es Ihnen dabei hilft, sich selbst und andere Menschen besser zu verstehen und kennenzulernen.

DIE HERAUSGEBER

ID16™©
im Kontext Jungscher
Persönlichkeitstypologien

ID16™© gehört zur Familie der sog. Jungschen Persönlichkeitstypologien, die auf der Theorie von Carl Gustav Jung (1875-1961) basieren – einem Schweizer Psychiater und Psychologen und einem der wichtigsten Vertreter der sog. Tiefenpsychologie.

Auf Grundlage langjähriger Forschungen und Beobachtungen kam Jung zur Schlussfolgerung, dass die Unterschiede in der Haltung und den Vorlieben von Menschen nicht zufällig sind. Er erschuf daraufhin die heute bekannte Unterscheidung in Extrovertierte und Introvertierte. Ferner unterschied Jung vier Persönlichkeitsfunktionen, die zwei gegensätzliche Paare bilden: Empfindung – Intuition und Denken – Fühlen. Jung betonte, dass in jedem dieser Paare eine der Funktionen dominierend ist. Er kam zur Einsicht, dass die dominierenden Eigenschaften eines jeden Menschen stetig und unabhängig von externen Bedingungen sind, ihre Resultante hingegen der jeweilige Persönlichkeitstypus ist.

Im Jahre 1938 erschufen zwei amerikanische Psychiater, Horace Gray und Joseph Wheelwright, den ersten Persönlichkeitstest, der auf der Theorie von Jung basierte und die Bestimmung dominierender Funktionen in den drei von ihm beschriebenen Dimensionen ermöglichte: **Extraversion-Introversion**, **Empfindung-Intuition** sowie **Denken-Fühlen**. Dieser Test wurde zur Inspiration für andere Forscher. Im Jahre 1942, ebenfalls in den USA, begannen wiederum Isabel Briggs Myers und Katharine Briggs ihren eigenen Persönlichkeitstest anzuwenden. Sie erweiterten das klassische, dreidimensionale Modell von Gray und Wheelwright um eine vierte Dimension: **Bewertung-Beobachtung**. Die meisten der späteren Typologien und Persönlichkeitstests, die auf der Theorie von Jung basierten, übernahmen daraufhin auch diese vierte Dimension. Zu ihnen gehört auch u. a. die amerikanische Studie aus dem Jahre 1978 von David W. Keirsey sowie der Persönlichkeitstest von Aušra Augustinavičiūtė aus den 1970er Jahren. In den folgenden Jahrzehnten folgten Forscher aus der ganzen Welt, womit sie weitere vierdimensionale Typologien und Tests erschufen, die an lokale Bedingungen und Bedürfnisse angepasst wurden.

Zu dieser Gruppe gehört die unabhängige Persönlichkeitstypologie ID16™©, die in Polen vom

Pädagogen und Manager Jarosław Jankowski erarbeitet wurde. Diese Typologie, die im ersten Jahrzehnt des 21. Jahrhunderts veröffentlicht wurde, basiert ebenfalls auf der klassischen Theorie von Carl Gustav Jung. Ähnlich wie auch andere moderne Jungsche Typologien reiht sie sich in die vierdimensionale Persönlichkeitsanalyse ein. Im Falle von ID16™© werden diese Dimensionen als **vier natürliche Veranlagungen** bezeichnet. Diese Veranlagungen haben einen dichotomischen Charakter, ihre Charakteristik hingegen liefert Informationen über die Persönlichkeit eines Menschen. Die Analyse der ersten Veranlagung hat die Bestimmung einer dominierenden **Lebensenergiequelle** zum Ziel (äußere oder innere Welt). Die zweite Veranlagung wiederum bestimmt die dominierende Art und Weise, wie **Informationen aufgenommen werden** (mithilfe von Sinnen oder Intuition). Die dritte Veranlagung hingegen determiniert die dominante **Entscheidungsfindung** (Verstand oder Herz). Die Analyse der letzten Veranlagung schlussendlich liefert den dominanten **Lebensstil** (organisiert oder spontan). Die Kombination aller natürlichen Veranlagungen ergibt im Endresultat einen von **16 möglichen Persönlichkeitstypen**.

Eine besondere Eigenschaft der Typologie ID16™© ist ihre praktische Dimension. Sie beschreibt die einzelnen Persönlichkeitstypen in der Praxis – auf der Arbeit, im Alltag oder in zwischenmenschlichen Kontakten und Beziehungen. Diese Typologie konzentriert sich nicht auf die innere Dynamik der Persönlichkeit und versucht nicht, eine theoretische Erklärung für innere, unsichtbare

Prozesse zu finden. Viel mehr versucht sie zu erläutern, wie die jeweilige Persönlichkeit nach außen wirkt und welchen Einfluss sie auf ihr Umfeld nimmt. Diese Fokussierung auf den sozialen Aspekt einer jeden Persönlichkeit stellt eine Gemeinsamkeit mit der o. g. Typologie von Aušra Augustinavičiūtė dar.

Jeder der 16 Persönlichkeitstypen ID16™© ist eine Resultante natürlicher Veranlagungen des Menschen. Die Zuschreibung zum jeweiligen Typus birgt aber keine Bewertung. Keiner der Typen ist besser oder schlechter als die anderen. Jeder von ihnen ist schlichtweg anders und verfügt über seine eigenen starken und schwachen Seiten. ID16™© erlaubt es, diese Unterschiede zu identifizieren und sie zu beschreiben. Er hilft einem dabei sich selbst zu verstehen und seinen Platz auf dieser Welt zu finden.

Die Tatsache, dass Menschen ihr eigenes Persönlichkeitsprofil kennen, erlaubt es ihnen, voll und ganz ihr Potenzial zu nutzen und an all jenen Gebieten zu arbeiten, die ihnen Probleme bereiten könnten. Es ist eine unschätzbare Hilfe im Alltag, bei der Suche nach Problemlösungen, beim Aufbau gesunder zwischenmenschlicher Beziehungen sowie bei der Entscheidungsfindung auf dem Bildungs- und Berufsweg.

Die Identifizierung des Persönlichkeitstypus ist kein willkürlicher oder mechanischer Prozess. Jeder Mensch ist als „Inhaber und Nutzer seiner Persönlichkeit" in vollem Maße kompetent zu entscheiden, zu welchem Typus er gehört. Somit haben Menschen eine Schlüsselrolle in diesem Prozess. Solch eine Selbstidentifizierung kann zum einen dadurch erfolgen, dass man sich die Beschreibungen aller 16 Persönlichkeitstypen durchliest und schrittweise die Auswahl einengt. Zum anderen kann man aber auch den schnelleren Weg wählen und den Persönlichkeitstest ID16™© ausfüllen. Auch in diesem Falle spielt der „Nutzer einer Persönlichkeit" die Schlüsselrolle, denn das Ergebnis des Tests hängt einzig und allein von seinen Antworten ab.

Die Identifizierung soll dabei helfen, sich selbst und andere zu verstehen, wenngleich sie keinesfalls als Orakel für die Zukunft angesehen werden sollte. Der Persönlichkeitstyp sollte zudem nie unsere Schwächen oder schlechte Beziehungen zu anderen Menschen rechtfertigen (obwohl er helfen sollte, die Gründe hierfür zu verstehen)!

Im Rahmen von ID16™© wird die Persönlichkeit nie als statisch, genetisch determinierter Zustand verstanden, sondern als Resultante angeborener und erworbener Eigenschaften. Solch eine Perspektive vernachlässigt nicht den freien Willen und kategorisiert nicht. Sie eröffnet viel mehr neue Perspektiven und regt zur Arbeit an sich selbst an, indem sie Bereiche aufzeigt, in denen dies am meisten benötigt wird.

Der Idealist (INFP)

PERSÖNLICHKEITSTYPOLOGIE ID16™©

Profil

Lebensmotto: *Man kann anders leben.*

Sensibel, loyal und kreativ. Sie möchten im Einklang mit ihren Werten leben. *Idealisten* interessieren sich für die spirituelle Wirklichkeit und gehen den Geheimnissen des Lebens nach. Sie nehmen sich die Probleme der Welt zu Herzen und stehen Bedürfnissen anderer Menschen offen gegenüber. *Idealisten* schätzen Harmonie und Ausgeglichenheit.

Sie sind romantisch und dazu fähig, ihre Liebe zu anderen zu äußern, wobei sie selbst auch Wärme und Zärtlichkeit brauchen. Sie vermögen es, Motive und Gefühle anderer Menschen hervorragend zu erkennen. *Idealisten* bauen gesunde, tiefgründige und dauerhafte Beziehungen auf. In

Konfliktsituationen verlieren sie den Boden unter den Füßen. Sie können Kritik und Stress nicht vertragen.

Natürliche Veranlagungen des *Idealisten*

- Die Quelle seiner Lebensenergie: seine innere Welt.
- Informationsaufnahme: Intuition.
- Art und Weise wie Entscheidungen getroffen werden: Herz.
- Lebensstil: spontan.

Ähnliche Persönlichkeitstypen

- *Mentor*
- *Enthusiast*
- *Berater*

Statistische Angaben

- *Idealisten* stellen ca. 1-4 % der Gesellschaft dar.
- Unter *Idealisten* überwiegen Frauen (60 %).
- Das Land, welches dem Profil des *Idealisten* entspricht, ist Thailand.[1]

Buchstaben-Code

Der universelle Code des *Idealisten* ist in den Jungschen Persönlichkeitstypologien INFP.

---

[1] Dies bedeutet nicht, dass alle Einwohner von Thailand zu dieser Gruppe gehören, wenngleich die thailändische Gesellschaft – als Ganzes – viele charakteristische Eigenschaften des *Idealisten* verkörpert.

Allgemeines Charakterbild

Idealisten sind Menschen mit einem reichen Innenleben. Sie möchten sich selber und andere Menschen verstehen. Sie fragen sich, wieso Menschen sich so und nicht anders verhalten. Ab und an erscheinen *Idealisten* distanziert, wenngleich sie tatsächlich sehr offen gegenüber anderen Menschen sind. Sie interessieren sich wirklich für ihre Probleme und vermögen es, mit ganzem Herzen sich für deren Lösung zu engagieren.

Idealisten möchten Harmonie und Frieden. Sie versuchen Konflikte zu mildern. In ihrem Leben richten sie sich nach ihren Idealen (daher auch die Bezeichnung für diesen Persönlichkeitstyp), die für sie eine übergeordnete Bedeutung haben. Die Lebensziele von *Idealisten* decken sich für gewöhnlich nicht mit denen der Mehrheit der Gesellschaft. Materielle Güter, Macht und Einfluss machen auf *Idealisten* keinen Eindruck.

Aufgrund ihres Wertesystems fühlen sich *Idealisten* gelegentlich vereinsamt oder gar entfremdet. Doch sie verzichten fast nie auf ihre eigenen Ideale, auch wenn sie dafür einen hohen Preis zahlen müssen. *Idealisten* haben einfach keine andere Wahl – sie müssen sie selbst sein. Ein Leben, das im Widerspruch zu ihren Werten steht, hat für sie keinen Sinn.

In den Augen anderer Menschen

Andere Menschen sehen in *Idealisten* bescheidene, nette und stets hilfsbereite Menschen. Sie können dahingegen aber auch schüchtern, distanziert und unentschlossen wirken. Oftmals werden sie auch als Menschen angesehen, die viele Dinge anfangen, aber nicht imstande sind, diese zu beenden. Im Allgemeinen werden sie für ihre natürliche Empathie für die Bedürfnisse und Gefühle anderer geschätzt.

Idealisten haben den Ruf ruhiger Menschen, wenngleich in ihrem Innern nie Ruhe einkehrt, da sie stets ergriffen von den Problemen der Welt sind und in Bezug auf Ungerechtigkeit empfindlich sind. *Idealisten* glauben, dass jeder Mensch das Recht hat, glücklich und er selbst zu sein. Sie wünschen sich Frieden, Einheit und eine bessere Welt. Ihre Treue gegenüber ihren Idealen ist für *Idealisten* alle Opfer wert. Ein Verhalten hingegen, welches jenen Idealen widerspricht, ruft bei ihnen tiefe Schuldgefühle hervor.

Weltanschauung und Prioritäten

Idealisten hören nie auf, begeistert von der Schönheit der Welt zu sein. Sie sind stets verwundert von der Realität, die sie umgibt. *Idealisten* vermögen es, Gutes und Schönes zu erkennen. Sie sind auf die Welt und die Menschen neugierig. *Idealisten* blicken in die Zukunft und verspüren das Bedürfnis, sich fortzubilden und zu entwickeln. Sie mögen es, Geheimnisse des Lebens zu lüften und dessen Sinn zu ergründen. *Idealisten* kümmern sich nicht sonderlich um materielle Belange. Ihr wichtigstes Bedürfnis ist die Suche nach dem Sinn des Lebens, weswegen sie sich auch für Spirituelles interessieren. Wenn sie nicht an etwas glauben, fühlen sie ein schmerzliches Gefühl der Leere – sie spüren, dass etwas fehlt.

Idealisten haben ein inneres Bedürfnis, die Realität zu verändern und anderen Menschen zu helfen.

IHR PERSÖNLICHKEITSTYP: IDEALIST (INFP)

Ungeachtet ihres Berufs (auch wenn ihre Arbeit auf der Unterstützung anderer Menschen beruht) engagieren sie sich in ihrer Freizeit für soziale Aktivitäten (bspw. als Ehrenamtliche in Wohltätigkeitsorganisationen) oder helfen ganz einfach ihren Bekannten.

Idealisten streben unermüdlich die Realisierung ihrer Ziele an, mit denen sie sich identifizieren. Sie sind ausdauernde Entdecker der Wahrheit und jede Information, die sie erhalten, wird – noch bevor sie in ihre innere „Datenbank" gelangt – von ihnen nach den Kriterien ihrer Werte filtriert. Auf diese Art und Weise schätzen sie ein, ob sie bei der Suche nach dem Sinn des Lebens, bei der Veränderung der Welt oder der Unterstützung anderer Menschen hilfreich sein könnte. Neue Informationen knüpfen an alles an, was sie gelernt oder bislang erfahren haben. *Idealisten* vertrauen sehr auf ihre Intuition.

Entscheidungen

Idealisten treffen Entscheidungen eher mit dem Herzen als mit dem Verstand. Das Wichtigste für sie ist die Tatsache, wie die jeweilige Entscheidung Einfluss auf ihr eigenes Leben oder das Leben anderer Menschen ausübt. Sie sind nicht von Argumenten überzeugt, die auf reiner Logik basieren und glauben nicht an Entscheidungen, die auf Grundlage von harten Fakten rational und unpersönlich getroffen wurden. Bevor sie selbst eine Entscheidung treffen, überlegen sie sehr lange und bereiten sich vor.

Idealisten erkennen und schätzen den Individualismus eines jeden Menschen. Sie versuchen nie, anderen ihre Meinung aufzuerlegen und mögen es im Gegenzug selbst auch nicht, wenn andere Menschen sie dominieren oder Druck auf sie ausüben möchten.

Schaffen

Für gewöhnlich sind *Idealisten* sehr originelle und einfallsreiche Menschen. Sie haben viel Freude am Schaffen, wobei das Endresultat sowie die Wahrnehmung ihrer Werke durch andere Menschen für sie unbedeutend sind, da ihnen am meisten die Arbeit selbst am Herzen liegt. Sie werden meist von anderen als überdurchschnittliche, außergewöhnliche Menschen angesehen, obwohl sie nicht zwangsweise versuchen, originell zu sein (sie haben oftmals auch keine Ahnung, dass sie als solche Menschen gelten).

Wahrnehmung und Gedanken

Idealisten stehen neuen Ideen offen gegenüber und sind überaus flexibel. Wenn sie sich in einer Gruppe aufhalten, erlauben sie anderen, Entscheidungen zu treffen. Für einige erscheint dies, als ob *Idealisten* gleichgültig wären, wenngleich sie es – zur großen Überraschung der anderen – vermögen, laut zu protestieren und ihr Recht zu verteidigen, sobald eine Entscheidung getroffen wird, die im Widerspruch zu ihren Ansichten steht.

Manchmal fällt es ihnen schwer, sich an allgemein geltende Normen und Konventionen anzupassen. Ferner tendieren *Idealisten* dazu, sich auf Informationen zu konzentrieren, die im Einklang mit ihrer Weltanschauung stehen. Dabei nehmen sie all jene Informationen „nicht wahr", die nicht zu ihrer Meinung passen. Es kommt gelegentlich vor, dass dieser eigentümliche Verteidigungsmechanismus bewirkt, dass sie sich zurückziehen und die Fähigkeit, Probleme aus einer breiteren Perspektive zu betrachten, verlieren. Solch eine Situation kann sich unvorteilhaft auf die Beziehungen zu anderen Menschen auswirken und zur Selbstisolation führen.

Organisation

Idealisten wenden oftmals nicht viel Zeit für Äußerlichkeiten auf und interessieren sich nicht für neue Mode-Trends. Ferner vermögen sie auch den Anschein von chaotischen und unzuverlässigen Personen zu erwecken. Tatsache ist aber, dass sie ihr Leben sowie all ihre Pflichten sehr ernst nehmen. *Idealisten* verlangen viel von sich selber und möchten sich fortbilden, wenngleich sie so sehr von der Realisierung ihrer Visionen eingenommen sind, dass es vorkommt, dass sie alltägliche Tätigkeiten aus den Augen verlieren (sie können bspw. vergessen, dass der Schreibtisch aufgeräumt, der Müll weggebracht oder das Auto gewaschen werden sollte). *Idealisten* mögen auch keine administrativen Tätigkeiten und erledigen nur ungern Aufgaben, die nach reiner Logik und trockenen Fakten verlangen. Ferner haben sie Probleme mit der Verwaltung ihrer Zeit und Selbstorganisation.

Im Bewusstsein ihrer eigenen Schwächen versuchen *Idealisten* verschiedene Bereiche ihres Lebens zu ordnen. Für gewöhnlich versuchen sie es immer wieder erneut (mit unterschiedlichen Ergebnissen). Wenn *Idealisten* sich in einer schwierigen Situation oder in einem Konflikt wiederfinden, vermögen sie es nicht, rational zu handeln. Es kann vorkommen, dass sie in solchen Fällen nicht wissen, wie sie sich verhalten sollten und alles Erdenkliche machen, um aus dieser schwierigen Lage herauszukommen.

Kommunikation

Idealisten sprechen für gewöhnlich nicht viel. Sie sagen nur dann etwas, wenn sie etwas zu sagen haben. Sie ziehen es vor, nicht über sich selbst zu sprechen, können dafür aber auf einfache und verständliche Art und Weise schwierige Konzepte und komplexe Phänomene erklären. *Idealisten* benutzen gerne abwechslungsreiche Vergleiche und Metaphern. Sie sind sich dessen bewusst, welch große Macht Worte haben und welchen Einfluss sie auf andere Menschen ausüben können.

Idealisten mögen tiefgründige Gespräche in kleinen Gruppen. Sie interessieren sich nicht für Tratsch und Gespräche über das Wetter. Auch große Menschenmassen sowie öffentliche Auftritte gehören nicht zu ihren Vorlieben.

Idealisten können hervorragend schreiben und sind ausgezeichnete Zuhörer. Sie vermögen es, zwischen den Zeilen zu lesen und können viel über einen Menschen sagen, den sie erst einmal getroffen haben (dabei irren sie selten). Gespräche mit *Idealisten* helfen anderen Menschen oftmals, ihre eigenen Gefühle, Gedanken und Bedürfnisse in Worte zu fassen.

Idealisten, die es vermögen, ihre Gabe der Empathie gut zu nutzen, können als Vermittler eingesetzt werden. Wenn sie anderen helfen, versuchen sie nicht, Probleme auf eine logische und rationale Art und Weise zu lösen (bspw. mit der Analyse deren Herkunft oder der Suche nach Schuldigen). Sie schauen vielmehr durch das Prisma von Gefühlen und versuchen schlechte Emotionen auszulöschen, Streitigkeiten zu lindern oder zu einem Kompromiss zu führen.

In Stresssituationen

Das Streben nach Perfektion in Verbindung mit dem Unvermögen, einige Lebensbereiche zu ordnen (wie bspw. die Zeitverwaltung) ist für *Idealisten* eine Quelle von ununterbrochenem Frust. In der Regel vertragen sie Stress schlecht. Er bewirkt, dass sie den Glauben an die eigenen Fähigkeiten verlieren und nicht imstande sind, eine Entscheidung zu treffen oder ganz im Gegenteil – sie beginnen impulsiv und unüberlegt zu handeln. Oftmals verbringen sie ihre Freizeit gerne aktiv.

Sozialer Aspekt der Persönlichkeit

Idealisten verstehen andere Menschen und erkennen ihre Gefühle und Motive. Sie sind loyale und treue Freunde, aber auch hervorragende Zuhörer. *Idealisten* mögen es, anderen zu helfen und messen ihren Bedürfnissen oft den höchsten Stellenwert bei. Sie selbst öffnen sich dahingegen nur ungern vor Menschen, sodass es sogar ihren Nächsten manchmal schwerfällt zu erraten, was in ihnen vorgeht.

Für *Idealisten* sind gesunde Beziehungen zu ihren Familienangehörigen und Freunden sehr wichtig. Ohne sie sind sie nicht glücklich und können ihr Leben nicht voll und ganz genießen. Sie gehen davon aus, dass ein Mensch sich dank anderer selbst besser kennenlernen kann. In zwischenmenschlichen Beziehungen messen sie Symbolen und Gesten große Bedeutung zu, oftmals auch vereinzelten Verhaltensweisen. Wenn jemand einmal gegen ihre Werte verstoßen hat, dann ist diese Person laut *Idealisten* dazu in der Lage, dies in Zukunft zu wiederholen.

Idealisten neigen auch dazu, gute Menschen zu idealisieren und böse Menschen zu dämonisieren, weswegen ihre Welt manchmal zweipolig ist.

Unter Freunden

Idealisten nehmen neue Bekanntschaften nur langsam auf, dafür sind ihre Beziehungen tiefgehend und beständig. Sie begegnen anderen mit viel Herzlichkeit und sind sehr empfänglich für ihre Emotionen und Bedürfnisse. Sie zeichnen sich durch eine akzeptierende Haltung aus. Es ist ihnen an ausgezeichneten Beziehungen gelegen und sie sind bereit, viel Energie in diese zu investieren. Unter allen Umständen versuchen sie Konflikte und unangenehme Gespräche zu vermeiden, die jemanden verletzen könnten. Ihre Loyalität und Bindung zu ihren Freunden (von denen sie für gewöhnlich nicht viele haben) schwächt nicht einmal bei langer Trennung ab. Sie sind stets bereit, sie zu unterstützen und ihnen beizustehen. *Idealisten* schätzen authentische und tiefe Bindungen, ihre Freundschaften halten oft ein Leben lang. Am häufigsten sind *Mentoren*, *Enthusiasten* und *Künstler* sowie andere *Idealisten* ihre Freunde. Am seltensten hingegen *Verwalter*, *Inspektoren* oder *Animateure*.

In der Ehe

Idealisten sind für die Ehe geschaffen, ihre Beziehungen wiederum sind überaus beständig. Sie sind seltener als andere Singles aus eigenem Antrieb. *Idealisten* sind sehr romantisch und überaus loyal.

Familie steht für sie ganz oben in ihrem Leben. Sie träumen von ausgezeichneten, harmonischen und romantischen Beziehungen (oftmals fällt es ihnen schwer, sich mit der Realität abzufinden). Sie hegen für ihre Partner unglaublichen Respekt, Anerkennung und Vertrauen. Ferner haben sie stets ein Kompliment parat und zeigen ihnen viel Wärme und Zuneigung. Sie selbst brauchen ebenfalls Nähe und Zärtlichkeit. Dabei sind sie aber nicht besitzergreifend und eifersüchtig. Sie versuchen nicht, sich aufzudrängen und ihre Ehepartner einzugrenzen bzw. von sich abhängig zu machen.

Idealisten versuchen um jeden Preis, Ehekonflikte zu lindern und unangenehmen bzw. heiklen Themen aus dem Weg zu gehen (sie bevorzugen es, Probleme zu überschweigen). Jegliche Kritik nehmen *Idealisten* sehr persönlich. Auch eine kleine Anmerkung oder ein Witz können ihnen großen Schmerz bereiten. Andere können solche Reaktionen als übertrieben oder unangebracht empfinden. *Idealisten* haben aber tatsächlich einen außergewöhnlich niedrigen Toleranzpegel für Kritik und sind leicht verletzbar. Dies kann vor allem zu Problemen in einer Beziehung mit *Strategen*, *Inspek-*

toren, *Direktoren* und *Verwaltern* führen, für die Kritik, Konflikte sowie eine offene Konfrontation einen Teil der zwischenmenschlichen Beziehungen ausmachen.

Natürliche Kandidaten als Lebenspartner sind für *Idealisten* Personen mit verwandten Persönlichkeitstypen: *Mentoren*, *Enthusiasten* oder *Berater*. In solchen Beziehungen ist es weitaus einfacher, gegenseitiges Verständnis und Harmonie aufzubauen. Die Erfahrung zeigt aber, dass Menschen imstande sind, Beziehungen auch mit Personen einzugehen, deren Typ offensichtlich völlig verschieden ist.

Als Eltern

Idealisten fühlen sich in der Rolle von Eltern hervorragend. Sie nehmen ihre Verantwortung sehr ernst und garantieren ihren Kindern ein freundliches und sicheres Umfeld sowie eine herzliche Atmosphäre. Sie zeigen ihren Kindern viel Wärme und sparen nicht an Lob. *Idealisten* sind überaus loyal, ergeben und liebevoll. Sie schützen und unterstützen ihre Kinder ungeachtet der Situation. In ihrer Erziehung bevorzugen sie eher positive Stärkung (Ermunterung, Belohnungen) als Kritik oder Disziplin. Radikalere Mittel wenden sie nur an, wenn das Verhalten ihrer Kinder sich gegen ihre Werte richtet. Am liebsten überlassen sie die Disziplin ihren Ehepartnern.

Idealisten schätzen den Individualismus ihrer Kinder und grenzen sie nicht ein. Sie erlauben ihnen, an familiären Entscheidungen teilzuhaben und achten auf ihre Meinung. Kinder, die hauptsächlich von *Idealisten* erzogen wurden (bspw. alleinerziehenden Eltern), können manchmal klare Regeln im Leben vermissen. Dahingegen fehlt es ihnen nie an Wärme, Unterstützung, Vertrauen und Raum zur Weiterentwicklung. Vor allem dafür schätzen sie nach vielen Jahren ihre Eltern.

Arbeit und Karriere

Idealisten können verschiedenen Aufgaben gerecht werden, wenngleich nicht alle sie zufrieden stellen. Am glücklichsten sind sie dann, wenn sie sich mit Angelegenheiten beschäftigen, die ihre eigenen Ansichten wiederspiegeln.

Erfolg

Arbeit ist für *Idealisten* mehr als nur Geld verdienen. Eine Beförderung oder gutes Gehalt erachten sie nicht als Synonyme für Erfolg. Ein richtiger Erfolg besteht für sie darin, das Leben zu verstehen, sowie die Möglichkeit, ihrer Bestimmung nachzugehen. Sie möchten etwas machen, was für sie eine tiefe Bedeutung innehat.

Im Team

Von Natur aus sind sie Individualisten und arbeiten am liebsten alleine. Wenn es aber notwendig ist, vermögen sie es, sich in einem Team wiederzufinden. *Idealisten* passen sich schnell an neue Situationen an, kommen gut mit Veränderungen klar und mögen neue Ideen. Sie brauchen aber eine gewisse Privatsphäre und mögen es nicht, wenn sie jemand unterbricht, sie stört oder ihre Privatsphäre verletzt.

Wenn sie in einem Team arbeiten, bringen sie eine freundliche Atmosphäre mit, unterstützen ihre Kollegen und helfen ihrem Team einen Konsens zu erzielen. In der Regel fördern *Idealisten* demokratische Regeln bei der Entscheidungsfindung. Sie glauben, dass mit Anreiz und Überzeugungskraft mehr erreicht werden kann, als mit offener Kritik oder Druck. Sie versuchen um jeden Preis Konflikten im Team aus dem Weg zu gehen und meiden Kritik an ihren Kollegen. Wenn *Idealisten* einmal kritisieren müssen, dann machen sie das oft auf derart sanfte, diplomatische Art und Weise, dass der eigentliche Sinn der Kritik kaum noch zu erkennen ist.

Unternehmen

Ein optimales Umfeld für *Idealisten* ist ein solches, in dem sie ihre Ziele verwirklichen und im Einklang mit ihren Werten arbeiten können. Sie finden sich gut in Unternehmen zurecht, die den Individualismus von Mitarbeitern schätzen. Dahingegen ersticken sie förmlich in einem bürokratisierten Umfeld, in dem die Arbeit der Mitarbeiter von zahlreichen festen Prozeduren eingeschränkt ist. In der Regel kommen *Idealisten auch* nicht mit Routine und sich wiederholenden Tätigkeiten klar.

Idealisten fühlen sich wohl, wenn sie in sozialen Einrichtungen oder in einem universitären Umfeld arbeiten können. Dafür sind sie für den uniformierten Dienst gar nicht geeignet.

Vorgesetzte

Idealisten schätzen Vorgesetzte, die über ein moralisches Rückgrat verfügen, kreativ an Aufgaben herangehen, ihre Mitarbeiter unterstützen und sich nicht krankhaft auf Prozeduren, Termine oder Formalitäten fixieren. Sie stören sich an übertriebener Kontrolle, Machtmissbrauch, unmenschlicher Bürokratie, der Behandlung von Menschen, als wären sie Rädchen im Getriebe sowie der Fixierung auf den Profit statt auf das Wohl der Mitarbeiter.

Präferenzen

Idealisten mögen keine Stereotype, Vereinfachungen in der Umschreibung der Realität oder jegliche Versuche der Unifizierung. Sie finden sich wiederum sehr gut in Situationen zurecht, bei denen sie komplexe und komplizierte Probleme lösen sollen, wenngleich sie Arbeit unter Zeitdruck nicht mögen. „Feste Termine", die eingehalten werden müssen, bewirken bei ihnen, dass sie sich eingeschränkt fühlen.

Berufe

Das Wissen über das eigene Persönlichkeitsprofil sowie die natürlichen Präferenzen stellen eine unschätzbare Hilfe bei der Wahl des optimalen Berufsweges dar. Die Erfahrung zeigt, dass *Idealisten* mit Erfolg in verschiedenen Bereichen arbeiten und aufgehen können. Doch dieser Persönlichkeitstyp prädisponiert sie auf natürliche Art und Weise zu folgenden Berufen:

DER IDEALIST (INFP)

- Berater,
- Blogger,
- Coach,
- Dekorateur,
- Dozent,
- Experte für Arbeitnehmerrechte,
- Experte für Multimedia,
- Geistlicher,
- Innenarchitekt,
- Journalist,
- Konsultant,
- Künstler,
- Künstlerischer Leiter,
- Lehrer,
- Mitarbeiter in der Sozialhilfe,
- Musiker,
- Physiotherapeut,
- Projektkoordinator,
- Psychiater,
- Psychologe,
- Redakteur,
- Schauspieler,
- Schriftsteller,
- Sozialer Aktivist,
- Therapeut,
- Trainer,
- Übersetzer,
- Wissenschaftler,
- Verleger,
- Vermittler.

Potenzielle starke und schwache Seiten

Ähnlich wie auch andere Persönlichkeitstypen haben *Idealisten* potenzielle starke und schwache Seiten. Dieses Potenzial kann auf verschiedenste Weise ausgeschöpft werden. Glück im Privatleben sowie Erfolg im Beruf hängen bei *Idealisten* davon ab, ob sie die Chancen, die mit ihrem Persönlichkeitstyp verknüpft sind, nutzen und ob sie den Gefahren auf ihrem Weg die Stirn bieten können. Im Folgenden eine ZUSAMMENFASSUNG dieser Chancen und Gefahren:

Potenzielle starke Seiten

Idealisten verfügen über außergewöhnlich viel Wärme und geben diese gerne an andere weiter. Von Natur aus sind sie sensibel und fürsorglich. Sie erkennen die Bedürfnisse anderer Menschen und sind sehr sensibilisiert für Anzeichen von Ungerechtigkeit. Sie möchten sich für all diejenigen einsetzen, die verletzt oder ausgenutzt wurden. Ihr stabiles Wertesystem, die außergewöhnliche Empathie und ehrliches Interesse für das Schicksal anderer Menschen prädisponieren sie für soziale Tätigkeiten. *Idealisten* sind überaus loyal und ergeben. Sie vermögen es, intensive, beständige und stabile Beziehungen aufzubauen. Dabei versuchen sie nicht, andere zu dominieren und sie einzuschränken, ganz im Gegenteil: *Idealisten* schenken anderen Menschen Vertrauen und geben ihnen Raum zur Weiterentwicklung. Für gewöhnlich sind sie sehr flexibel und können gut Veränderungen vertragen.

Idealisten zeichnen sich aus durch Offenheit gegenüber anderen Menschen, auch all jenen, die von der Mehrheit der Gesellschaft zurückgewiesen werden. Sie sehen in jedem Menschen das Gute und sein positives Potenzial. Darüber hinaus verfügen *Idealisten* über sehr viel Empathie, dank der sie es vermögen, andere zu unterstützen, sie bei Laune zu halten und ihnen Selbstwertgefühl zu verleihen. Sie sind sehr gute Zuhörer und verstehen es, Gefühle und Motive anderer Menschen zu deuten. *Idealisten* sind imstande, einen Kompromiss oder eine Verständigung aufzubauen (sie sind fähig die Sache so zu wenden, dass jede Seite zufrieden ist und glaubt, einen Erfolg erzielt zu haben). *Idealisten* vermögen es, sich komplexe Theorien und Konzepte schnell anzueignen und zeitgleich kreativ und offen für künstlerische Erfahrungen zu sein (oftmals sind sie selber künstlerisch talentiert). Ferner sind sie imstande, gut ihre Gedanken zu äußern (vor allem schriftlich).

Potenzielle schwache Seiten

Idealisten haben einen sehr niedrigen Toleranzpegel für Kritik (vor allem seitens ihrer Familienangehörigen und Freunde). Sogar kleinere unfreundliche Anmerkungen oder bissige Witze können ihr Selbstwertgefühl untergraben und ihnen viel Leid zufügen. Manchmal sehen sie sogar dort kritische Anmerkungen, wo keine vorhanden sind. Ihre enorme Loyalität und Verbundenheit führt dazu, dass sie oftmals nicht imstande sind, schädliche oder toxische Beziehungen zu beenden. Es fällt *Idealisten* auch schwer, sich kritisch zu äußern, andere auf etwas hinzuweisen oder gar ihre Meinung offen auszusprechen. Wenn sie einmal jemanden kritisieren müssen, dann machen *Idealisten* es auf eine so sehr sanfte Art und Weise, dass es ihren Gesprächspartnern schwerfällt herauszufinden, was sie wirklich sagen wollen. *Idealisten* gehen schlecht mit Konflikten um – sie können sich in solchen Situationen irrational verhalten oder unerwartete und nicht durchdachte Entscheidungen treffen.

Ihre strenge Selbstbewertung sowie das starke Bedürfnis für Zustimmung und positive Stärkung seitens anderer Menschen erschwert es ihnen, in einem neutralen oder kühlen Umfeld zu funktionieren (noch mehr in einem offensichtlich feindseligen Umfeld). In Stresssituationen sind *Idealisten* nicht fähig, einen kühlen Kopf zu bewahren. Sie neigen auch dazu, emotional instabil zu sein. Ihre Ideen sind trotz ihrer Kreativität manchmal unrealistisch – sie berücksichtigen oftmals bestehende Einschränkungen und Unvollkommenheiten nicht (bspw. den menschlichen Faktor). Meinungen, die wider ihren Ansichten sind, können *Idealisten* als Angriff auf ihre Person oder ihre Werte verstehen. Sie neigen dazu, nur die Informationen anzunehmen, die im Einklang mit ihrer Meinung stehen. Zugleich können sie all jene Informationen unterdrücken, die ihr Weltbild gefährden. Manchmal führt dies zu Isolation und dem Rückzug in die eigene Welt.

Persönliche Entwicklung

Die persönliche Entwicklung von *Idealisten* hängt davon ab, in welchem Grad sie ihr natürliches Potenzial nutzen und ob sie die Gefahren, die in Verbindung mit ihrem Typ stehen, zu bewältigen vermögen. Die folgenden praktischen Tipps stellen eine Art Dekalog des *Idealisten* dar.

Haben Sie keine Angst vor Konflikten

Wenn Sie sich in einem Konflikt befinden, stecken Sie nicht ihren Kopf in den Sand. Versuchen Sie dagegen, offen Ihren Standpunkt und Ihre Empfindungen zu äußern. Konflikte helfen oftmals, Probleme zu erkennen und zu lösen.

Betrachten Sie Probleme aus einer breiteren Perspektive

Versuchen Sie Probleme aus der Perspektive anderer Menschen zu betrachten. Ziehen Sie verschiedene Standpunkte in Betracht und erwägen Sie verschiedene Aspekte der jeweiligen Angelegenheit.

Lassen Sie andere nicht auf Vermutungen angewiesen sein

Sagen Sie Menschen, was Sie fühlen, was Sie durchleben und was Sie möchten. Zögern Sie nicht, Ihre Zweifel, Bedenken und Emotionen zu äußern. Sie werden damit sowohl Ihren Kollegen aber auch Verwandten und Freunden sehr helfen.

Seien Sie praktischer

Sie haben eine natürliche Tendenz zu idealistischen Ideen, die manchmal realitätsfremd sind. Denken Sie über ihre praktischen Aspekte nach – darüber, wie sie in dieser realen und unvollkommenen Welt realisiert werden können.

Hören Sie auf, zu verbessern, und fangen Sie an, zu handeln

Statt sich Gedanken zu machen, wie etwas, was Sie planen, verbessert werden könnte, sollten Sie es einfach machen. Im anderen Fall werden Sie Ihr ganzes Leben mit der Verbesserung Ihrer Pläne verbringen. Machen Sie lieber etwas, was gut ist (nicht zwangsläufig perfekt), statt gar nichts zu machen.

Haben Sie keine Angst vor Ideen und Meinungen, die im Widerspruch zu Ihren stehen

Bevor Sie sie ablehnen, denken Sie erst gut darüber nach und versuchen Sie, sie zu verstehen. Die Offenheit gegenüber Ansichten anderer Menschen muss nicht zwangsläufig bedeuten, dass man seine eigenen Meinungen verwirft.

Haben Sie keine Angst vor Kritik

Haben Sie keine Angst davor, kritisch zu sein und Kritik seitens anderer Menschen anzunehmen. Kritik kann konstruktiv sein und muss nicht unbedingt einen Angriff auf andere Menschen oder die Anzweiflung ihrer Werte bedeuten.

Schieben Sie anderen nicht die Schuld für Ihre Probleme in die Schuhe

Sie haben den größten Einfluss auf Ihr Leben und Sie sind am kompetentesten, um Ihre Probleme zu lösen. Konzentrieren Sie sich nicht auf externe Widrigkeiten. Konzentrieren Sie sich viel mehr auf Ihre starken Seiten und nutzen Sie Ihr Potenzial.

Finden Sie Zeit für angenehme Dinge

Versuchen Sie manchmal, sich von Ihren Pflichten zu lösen und angenehme oder entspannende Dinge zu machen. Sportliche Aktivitäten und Kontakt mit Kunst bewirken, dass Sie der Müdigkeit trotzen und effektiver sein werden.

Seien Sie besser zu sich selbst

Denken Sie darüber nach, ob Sie nicht zu viel von sich selber verlangen und ob Ihre Selbstbeurteilung nicht zu streng ist (wahrscheinlich ist sie es). Seien Sie sich gegenüber einsichtiger und versuchen Sie sich so zu helfen, wie Sie sich um das Glück und das Selbstbewusstsein anderer Menschen kümmern.

Bekannte Personen

Eine Liste bekannter Personen, die dem Profil des *Idealisten* entsprechen:

- **Laura Ingalls Wilder** (1867-1957) – US-amerikanische Schriftstellerin (Autorin der Serie *Unsere kleine Farm*);
- **Albert Schweitzer** (1875-1965) – deutscher evangelischer Theologe, Philosoph, Musikwissenschaftler und Arzt, Gründer eines Krankenhauses in Gabun, Friedensnobelpreisträger;
- **Alan Alexander Milne** (1882-1956) – britischer Schriftsteller und Autor von Kinderbüchern (u. a. *Pu der Bär*);
- **Carl Rogers** (1902-1987) – US-amerikanischer Psychologe und Psychotherapeut,

einer der Hauptvertreter der Humanistischen Psychologie;

- **George Orwell** (1903-1950) – britischer Publizist und Schriftsteller (u. a. *Farm der Tiere*);

- **James Herriot**, eigtl. James Alfred Wight (1906-1995) – britischer Tierarzt und Schriftsteller (Autor der Serie *Der Doktor und das liebe Vieh*);

- **John F. Kennedy** (1917-1963) – 35. Präsident der Vereinigten Staaten;

- **Scott Bakula** (geb. 1954) – US-amerikanischer Fernsehschauspieler (u. a. *Murphy Brown*);

- **Lisa Kudrow** (geb. 1963) – US-amerikanische Schauspielerin (u. a. *Friends*);

- **Julia Roberts** (geb. 1967) – US-amerikanische Schauspielerin (u. a. *Pretty Woman*);

- **Gillian Anderson** (geb. 1968) – US-amerikanische Schauspielerin (u. a. *Akte X*);

- **Megan Follows** (geb. 1968) – kanadische Schauspielerin (u. a. *Anne auf Green Gables*);

- **Fred Savage** (geb. 1976) – US-amerikanischer Schauspieler (u. a. *Wunderbare Jahre*).

Die 16 Persönlichkeits-typen im Überblick

Der Animateur (ESTP)

Lebensmotto: *Lasst uns etwas unternehmen!*

Energisch, aktiv und unternehmerisch. Sie mögen die Gesellschaft anderer Menschen und sind imstande, den Augenblick zu genießen. Spontan, flexibel und offen für Veränderungen.

Enthusiastische Anreger und Initiatoren, die andere zum Handeln motivieren. Logisch, rational und überaus pragmatisch. *Animateure* sind Realisten, die abstrakte Ideen und die Zukunft betreffende Erwägungen ermüdend finden. Sie konzentrieren sich viel mehr auf konkrete Lösungen von aktuellen Problemen. Sie haben manchmal Schwierigkeiten bei der Organisation und Planung, denn sie neigen zu impulsiven Handlungen, weswegen es passieren kann, dass sie erst handeln und dann nachdenken.

Natürliche Veranlagungen des *Animateurs*

- Die Quelle seiner Lebensenergie: seine äußere Welt.
- Informationsaufnahme: Sinne.
- Art und Weise wie Entscheidungen getroffen werden: Verstand.
- Lebensstil: spontan.

Ähnliche Persönlichkeitstypen

- *Verwalter*
- *Praktiker*
- *Inspektor*

Statistische Angaben

- *Animateure* stellen ca. 6-10 % der Gesellschaft dar.
- Unter *Animateuren* überwiegen Männer (60 %).
- Das Land, welches dem Profil des *Animateurs* entspricht, ist Australien.[2]

---

[2] Dies bedeutet nicht, dass alle Einwohner von Australien zu dieser Gruppe gehören, wenngleich die australische Gesellschaft – als Ganzes – viele charakteristische Eigenschaften des *Animateurs* verkörpert.

Buchstaben-Code

Der universelle Code des *Animateurs* ist in den Jungschen Persönlichkeitstypologien ESTP.

Mehr:

Jarosław Jankowski
Ihr Persönlichkeitstyp: Animateur (ESTP)

Der Anwalt (ESFJ)

Lebensmotto: *Wie kann ich dir helfen?*

Enthusiastisch, energisch und gut organisiert. Praktisch, verantwortungsbewusst und gewissenhaft. Darüber hinaus herzlich und überaus gesellig.

Anwälte erkennen menschliche Stimmungen, Emotionen und Bedürfnisse. Sie schätzen Harmonie und vertragen schlecht Kritik oder Konflikte. Sie sind sehr sensibel in Bezug auf Ungerechtigkeiten sowie das Leid anderer Menschen. Sie interessieren sich aufrichtig für die Probleme anderer und sind glücklich, wenn sie ihnen helfen können. Indem sie sich um die Bedürfnisse anderer kümmern, vernachlässigen sie oftmals ihre eigenen. *Anwälte* neigen dazu, anderen auszuhelfen. Sie sind anfällig für Manipulationen.

Natürliche Veranlagungen des *Anwalts*

- Die Quelle seiner Lebensenergie: seine äußere Welt.
- Informationsaufnahme: Sinne.

- Art und Weise wie Entscheidungen getroffen werden: Herz.
- Lebensstil: organisiert.

Ähnliche Persönlichkeitstypen

- *Moderator*
- *Betreuer*
- *Künstler*

Statistische Angaben

- *Anwälte* stellen ca. 10-13 % der Gesellschaft dar.
- Unter *Anwälten* überwiegen Frauen (70 %).
- Das Land, welches dem Profil des *Anwalts* entspricht, ist Kanada.

Buchstaben-Code

Der universelle Code des *Anwalts* ist in den Jungschen Persönlichkeitstypologien ESFJ.

Mehr:

Jarosław Jankowski
Ihr Persönlichkeitstyp: Anwalt (ESFJ)

Der Berater (ENFJ)

Lebensmotto: *Meine Freunde sind meine Welt.*

Optimistisch, enthusiastisch und scharfsinnig. Höflich und taktvoll. Sie verfügen über ein unglaubliches Empathievermögen, wodurch es sie glücklich stimmt, durch selbstloses Handeln anderen Menschen Gutes zu tun. *Berater* vermögen es, Einfluss auf das Leben anderer zu nehmen – sie inspirieren, entdecken in ihnen verstecktes Potenzial und verleihen ihnen Glauben an das eigene Können. *Berater* strahlen Wärme aus, weswegen sie andere Menschen anziehen. Sie helfen ihnen oftmals, persönliche Probleme zu lösen.

Doch *Berater* neigen dazu, gutgläubig zu sein und die Welt durch eine rosarote Brille zu betrachten. Da sie ständig auf andere Menschen fixiert sind, vergessen sie oftmals ihre eigenen Bedürfnisse.

Natürliche Veranlagungen des *Beraters*

- Die Quelle seiner Lebensenergie: seine äußere Welt.
- Informationsaufnahme: Intuition.
- Art und Weise wie Entscheidungen getroffen werden: Herz.
- Lebensstil: organisiert.

Ähnliche Persönlichkeitstypen

- *Enthusiast*
- *Mentor*
- *Idealist*

Statistische Angaben

- *Berater* stellen ca. 3-5 % der Gesellschaft dar.
- Unter *Beratern* überwiegen Frauen (80 %).

- Das Land, welches dem Profil des *Beraters* entspricht, ist Frankreich.

Buchstaben-Code

Der universelle Code des *Beraters* ist in den Jungschen Persönlichkeitstypologien ENFJ.

Mehr:

Jarosław Jankowski
Ihr Persönlichkeitstyp: Berater (ENFJ)

Der Betreuer (ISFJ)

Lebensmotto: *Mir liegt viel an deinem Glück.*

Herzlich, bescheiden, vertrauenswürdig und überaus loyal. An erster Stelle stehen für *Betreuer* andere Menschen. Sie erkennen ihre Bedürfnisse und möchten ihnen helfen. Sie sind praktisch, gut organisiert und verantwortungsbewusst. Ferner zeichnen sie sich durch Geduld, Fleiß und Ausdauer aus. Sie führen ihre Pläne zu Ende.

Betreuer bemerken und prägen sich Details ein. Sie schätzen Ruhe, Stabilität und freundschaftliche Beziehungen zu anderen Menschen. Darüber hinaus vermögen sie es, Brücken zwischen Menschen zu bauen. Sie vertragen nur schlecht Kritik und Konflikte. *Betreuer* verfügen über ein starkes Pflichtbewusstsein und sind stets bereit anderen zu helfen. Manchmal werden sie von anderen ausgenutzt.

Natürliche Veranlagungen des *Betreuers*

- Die Quelle seiner Lebensenergie: sein Inneres.
- Informationsaufnahme: Sinne.
- Art und Weise wie Entscheidungen getroffen werden: Herz.
- Lebensstil: organisiert.

Ähnliche Persönlichkeitstypen

- *Künstler*
- *Anwalt*
- *Moderator*

Statistische Angaben

- *Betreuer* stellen ca. 8-12 % der Gesellschaft dar.
- Unter *Betreuern* überwiegen Frauen (70 %).
- Das Land, welches dem Profil des *Betreuers* entspricht, ist Schweden.

Buchstaben-Code

Der universelle Code des *Betreuers* ist in den Jungschen Persönlichkeitstypologien ISFJ.

Mehr:

Jarosław Jankowski
Ihr Persönlichkeitstyp: Betreuer (ISFJ)

Der Direktor (ENTJ)

Lebensmotto: *Ich sage euch, was zu tun ist!*

Unabhängig, aktiv und entschieden. Rational, logisch und kreativ. *Direktoren* betrachten analysierte Probleme in einem breiteren Kontext und sind imstande, die Konsequenzen von menschlichem Verhalten vorherzusehen. Sie zeichnen sich durch Optimismus und eine gesunde Selbstsicherheit aus. Sie können theoretische Konzepte in konkrete, praktische Pläne umwandeln.

Visionäre, Mentoren und Organisatoren. *Direktoren* verfügen über natürliche Führungsqualitäten. Ihre starke Persönlichkeit, ihr kritisches Urteilsvermögen sowie ihre Direktheit verunsichern andere Menschen häufig und führen zu Problemen bei zwischenmenschlichen Beziehungen.

Natürliche Veranlagungen des *Direktors*

- Die Quelle seiner Lebensenergie: seine äußere Welt.
- Informationsaufnahme: Intuition.
- Art und Weise wie Entscheidungen getroffen werden: Verstand.
- Lebensstil: organisiert.

Ähnliche Persönlichkeitstypen

- *Reformer*
- *Stratege*
- *Logiker*

Statistische Angaben

- *Direktoren* stellen ca. 2-5 % der Gesellschaft dar.
- Unter *Direktoren* überwiegen Männer (70 %).
- Das Land, welches dem Profil des *Direktors* entspricht, sind die Niederlande.

Buchstaben-Code

Der universelle Code des *Direktors* ist in den Jungschen Persönlichkeitstypologien ENTJ.

Mehr:

Jarosław Jankowski
Ihr Persönlichkeitstyp: Direktor (ENTJ)

Der Enthusiast (ENFP)

Lebensmotto: *Wir schaffen das!*

Energisch, enthusiastisch und optimistisch. Sie sind lebensfreudig und sind mit den Gedanken in der Zukunft. Dynamisch, scharfsinnig und kreativ. *Enthusiasten* mögen Menschen und schätzen ehrliche und authentische Beziehungen. Sie sind herzlich und emotional. *Enthusiasten* können aber schlecht mit Kritik umgehen. Sie verfügen über Empathie und erkennen die Bedürfnisse, Emotionen und Motive anderer Menschen. Sie inspirieren und stecken andere mit ihrem Enthusiasmus an.

Enthusiasten mögen es, im Zentrum der Aufmerksamkeit zu sein. Sie sind flexibel und vermögen es, zu improvisieren. Sie neigen zu idealistischen Ideen. *Enthusiasten* lassen sich einfach ablenken und haben Probleme damit, viele Angelegenheiten zu Ende zu bringen.

Natürliche Veranlagungen des *Enthusiasten*

- Die Quelle seiner Lebensenergie: seine äußere Welt.
- Informationsaufnahme: Intuition.
- Art und Weise wie Entscheidungen getroffen werden: Herz.
- Lebensstil: spontan.

Ähnliche Persönlichkeitstypen

- *Berater*
- *Idealist*
- *Mentor*

Statistische Angaben

- *Enthusiasten* stellen ca. 5-8 % der Gesellschaft dar.
- Unter *Enthusiasten* überwiegen Frauen (60 %).
- Das Land, welches dem Profil des *Enthusiasten* entspricht, ist Italien.

Buchstaben-Code

Der universelle Code des *Enthusiasten* ist in den Jungschen Persönlichkeitstypologien ENFP.

Mehr:

Jarosław Jankowski
Ihr Persönlichkeitstyp: Enthusiast (ENFP)

Der Idealist (INFP)

Lebensmotto: *Man kann anders leben.*

Sensibel, loyal und kreativ. Sie möchten im Einklang mit ihren Werten leben. *Idealisten* interessieren sich für die spirituelle Wirklichkeit und gehen den Geheimnissen des Lebens nach. Sie nehmen sich die Probleme der Welt zu Herzen und stehen Bedürfnissen anderer Menschen offen gegenüber. *Idealisten* schätzen Harmonie und Ausgeglichenheit.

Sie sind romantisch und dazu fähig, ihre Liebe zu anderen zu äußern, wobei sie selbst auch Wärme und Zärtlichkeit brauchen. Sie vermögen es, Motive und Gefühle anderer Menschen hervorragend zu erkennen. *Idealisten* bauen gesunde, tiefgründige und dauerhafte Beziehungen auf. In Konfliktsituationen verlieren sie den Boden unter den Füßen. Sie können Kritik und Stress nicht vertragen.

Natürliche Veranlagungen des *Idealisten*

- Die Quelle seiner Lebensenergie: seine innere Welt.
- Informationsaufnahme: Intuition.
- Art und Weise wie Entscheidungen getroffen werden: Herz.
- Lebensstil: spontan.

Ähnliche Persönlichkeitstypen

- *Mentor*
- *Enthusiast*
- *Berater*

Statistische Angaben

- *Idealisten* stellen ca. 1-4 % der Gesellschaft dar.
- Unter *Idealisten* überwiegen Frauen (60 %).
- Das Land, welches dem Profil des *Idealisten* entspricht, ist Thailand.

Buchstaben-Code

Der universelle Code des *Idealisten* ist in den Jungschen Persönlichkeitstypologien INFP.

Mehr:

Jarosław Jankowski
Ihr Persönlichkeitstyp: Idealist (INFP)

Der Inspektor (ISTJ)

Lebensmotto: *Die Pflicht geht vor.*

Menschen, auf die man sich immer verlassen kann. Wohlerzogen, pünktlich, zuverlässig, gewissenhaft, verantwortungsbewusst – die Zuverlässigkeit in Person. Analytisch, methodisch, systematisch und logisch. *Inspektoren* werden als beherrschte, kühle und ernsthafte Menschen angesehen. Sie schätzen Ruhe, Stabilität und Ordnung. *Inspektoren* mögen keine Veränderungen, dafür aber klare und konkrete Regeln.

Sie sind arbeitsam und ausdauernd, weswegen sie Angelegenheiten zu Ende bringen können. Es sind Perfektionisten, die über alles die Kontrolle haben möchten. Sie äußern sparsam Lob und sind nicht imstande, der Wichtigkeit der Gefühle und Emotionen anderer Menschen die gebürtige Beachtung zu schenken.

Natürliche Veranlagungen des *Inspektors*

- Die Quelle seiner Lebensenergie: seine innere Welt.
- Informationsaufnahme: Sinne.
- Art und Weise wie Entscheidungen getroffen werden: Verstand.
- Lebensstil: organisiert.

Ähnliche Persönlichkeitstypen

- *Praktiker*
- *Verwalter*
- *Animateur*

Statistische Angaben

- *Inspektoren* stellen ca. 6-10 % der Gesellschaft dar.
- Unter *Inspektoren* überwiegen Männer (60 %).
- Das Land, welches dem Profil des *Inspektors* entspricht, ist die Schweiz.

Buchstaben-Code

Der universelle Code des *Inspektors* ist in den Jungschen Persönlichkeitstypologien ISTJ.

Mehr:

Jarosław Jankowski
Ihr Persönlichkeitstyp: Inspektor (ISTJ)

Der Künstler (ISFP)

Lebensmotto: *Lasst uns etwas erschaffen!*

Sensibel, kreativ und originell. Sie haben ein Gefühl für Ästhetik und angeborene künstlerische Fähigkeiten. Unabhängig – *Künstler* agieren nach ihrem eigenen Wertesystem und ordnen sich keinerlei Druck von außen unter. Sie sind optimistisch und verfügen über eine positive Lebenseinstellung, weswegen sie jeden Augenblick genießen können.

Sie sind glücklich, wenn sie anderen helfen können. Abstrakte Theorien langweilen sie, denn *Künstler* ziehen es vor, die Realität zu erschaffen und nicht über sie zu sprechen. Es fällt ihnen jedoch weitaus leichter, neue Pläne zu realisieren, als bereits begonnene abzuschließen. Sie haben Schwierigkeiten, ihre eigenen Bedürfnisse und Wünsche zu äußern.

Natürliche Veranlagungen des *Künstlers*

- Die Quelle seiner Lebensenergie: seine innere Welt.
- Informationsaufnahme: Sinne.
- Art und Weise wie Entscheidungen getroffen werden: Herz.
- Lebensstil: spontan.

Ähnliche Persönlichkeitstypen

- *Betreuer*
- *Moderator*
- *Anwalt*

Statistische Angaben

- *Künstler* stellen ca. 6-9 % der Gesellschaft dar.
- Unter *Künstlern* überwiegen Frauen (60 %).
- Das Land, welches dem Profil des *Künstlers* entspricht, ist China.

Buchstaben-Code

Der universelle Code des *Künstlers* ist in den Jungschen Persönlichkeitstypologien ISFP.

Mehr:

Jarosław Jankowski
Ihr Persönlichkeitstyp: Künstler (ISFP)

Der Logiker (INTP)

Lebensmotto: *Man muss vor allem die Wahrheit über die Welt kennenlernen.*

Originell, einfallsreich und kreativ. *Logiker* mögen es, theoretische Probleme zu lösen. Sie sind analytisch, scharfsinnig und begegnen neuen Ideen mit Begeisterung. *Logiker* vermögen es, einzelne Phänomene zu verbinden und mithilfe von ihnen allgemeine Regeln und Theorien aufzustellen. Sie agieren logisch, präzise und tiefgründig. Unklare

Zusammenhänge und Inkonsequenzen werden von ihnen schnell erkannt.

Sie sind unabhängig und skeptisch gegenüber bereits vorliegenden Lösungen sowie Autoritäten. Zugleich sind sie tolerant und offen für neue Herausforderungen. Versunken in Gedanken verlieren sie ab und an den Kontakt zur Außenwelt.

Natürliche Veranlagungen des *Logikers*

- Die Quelle seiner Lebensenergie: seine innere Welt.
- Informationsaufnahme: Intuition.
- Art und Weise wie Entscheidungen getroffen werden: Verstand.
- Lebensstil: spontan.

Ähnliche Persönlichkeitstypen

- *Stratege*
- *Reformer*
- *Direktor*

Statistische Angaben

- *Logiker* stellen ca. 2-3 % der Gesellschaft dar.
- Unter *Logikern* überwiegen Männer (80 %).
- Das Land, welches dem Profil des *Logikers* entspricht, ist Indien.

Buchstaben-Code

Der universelle Code des *Logikers* ist in den Jungschen Persönlichkeitstypologien INTP.

Mehr:
Jarosław Jankowski
Ihr Persönlichkeitstyp: Logiker (INTP)

Der Mentor (INFJ)

Lebensmotto: *Die Welt könnte besser sein!*

Kreativ, sensibel, auf die Zukunft fixiert. *Mentoren* sehen Möglichkeiten, die andere Menschen nicht erkennen. Es sind Idealisten und Visionäre, die sich darauf konzentrieren, Menschen zu helfen. Pflichtbewusst und verantwortungsbewusst, zugleich auch höflich, fürsorglich und freundschaftlich. Sie versuchen, die Mechanismen der Weltordnung zu verstehen und betrachten Probleme aus einer breiten Perspektive.

Hervorragende Zuhörer und Beobachter. Sie zeichnen sich aus durch Empathie, Intuition und Vertrauen in Menschen. *Mentoren* sind imstande, Gefühle und Emotionen zu lesen, können wiederum aber nur schlecht Kritik annehmen und sich in Konfliktsituationen zurechtfinden. Andere können sie gelegentlich als enigmatisch empfinden.

Natürliche Veranlagungen des *Mentors*

- Die Quelle seiner Lebensenergie: seine innere Welt.
- Informationsaufnahme: Intuition.
- Art und Weise wie Entscheidungen getroffen werden: Herz.
- Lebensstil: organisiert.

Ähnliche Persönlichkeitstypen

- *Idealist*
- *Berater*
- *Enthusiast*

Statistische Angaben

- *Mentoren* stellen ca. 1 % der Gesellschaft dar und sind damit der seltenste Persönlichkeitstyp.
- Unter *Mentoren* überwiegen Frauen (80 %).
- Das Land, welches dem Profil des *Logikers* entspricht, ist Norwegen.

Buchstaben-Code

Der universelle Code des *Mentors* ist in den Jungschen Persönlichkeitstypologien INFJ.

Mehr:

Jarosław Jankowski
Ihr Persönlichkeitstyp: Mentor (INFJ)

Der Moderator (ESFP)

Lebensmotto: *Heute ist der richtige Zeitpunkt!*

Optimistisch, energisch und offen gegenüber Menschen. *Moderatoren* sind lebenslustig und haben gerne Spaß. Sie sind praktisch, zugleich aber auch flexibel und spontan. Sie mögen Veränderungen und neue Erfahrungen. Einsamkeit, Stagnation und Routine hingegen vertragen sie eher schlecht. *Moderatoren* mögen es, im Zentrum der Aufmerksamkeit zu stehen.

Sie verfügen über ein natürliches Schauspieltalent und über die Gabe, interessant und packend zu berichten. Indem sie sich auf das Hier und Jetzt konzentrieren verlieren sie manchmal langfristige Ziele aus den Augen. Sie neigen dazu, Konsequenzen ihres Handelns nicht richtig einschätzen zu können.

Natürliche Veranlagungen des *Moderators*

- Die Quelle seiner Lebensenergie: seine äußere Welt.
- Informationsaufnahme: Sinne.
- Art und Weise wie Entscheidungen getroffen werden: Herz.
- Lebensstil: spontan.

Ähnliche Persönlichkeitstypen

- *Anwalt*
- *Künstler*
- *Betreuer*

Statistische Angaben

- *Moderatoren* stellen ca. 8-13 % der Gesellschaft dar.
- Unter *Moderatoren* überwiegen Frauen (60 %).
- Das Land, welches dem Profil des *Moderators* entspricht, ist Brasilien.

Buchstaben-Code

Der universelle Code des *Moderators* ist in den Jungschen Persönlichkeitstypologien ESFP.

Mehr:

Jarosław Jankowski
Ihr Persönlichkeitstyp: Moderator (ESFP)

Der Praktiker (ISTP)

Lebensmotto: *Taten sind wichtiger als Worte.*

Optimistisch, spontan und mit einer positiven Lebenseinstellung. Beherrschte und unabhängige Menschen, die ihren eigenen Überzeugungen treu sind und äußeren Normen und Regeln skeptisch gegenüberstehen. *Praktiker* sind nicht an Theorien oder Überlegungen bzgl. der Zukunft interessiert. Sie ziehen es vor, konkrete und handfeste Probleme zu lösen.

Sie passen sich gut an neue Orte und Situationen an und mögen Herausforderungen und das Risiko. Ferner vermögen sie es, bei Gefahr einen kühlen Kopf zu behalten. Ihre Wortkargheit und extreme Zurückhaltung bei der Äußerung von Meinungen bewirken, dass sie für andere Menschen manchmal unverständlich erscheinen.

Natürliche Veranlagungen des *Praktikers*

- Die Quelle seiner Lebensenergie: seine innere Welt.
- Informationsaufnahme: Sinne.

- Art und Weise wie Entscheidungen getroffen werden: Verstand.
- Lebensstil: spontan.

Ähnliche Persönlichkeitstypen

- *Inspektor*
- *Animateur*
- *Verwalter*

Statistische Angaben

- *Praktiker* stellen ca. 6-9 % der Gesellschaft dar.
- Unter *Praktiker* überwiegen Männer (60 %).
- Das Land, welches dem Profil des *Praktikers* entspricht, ist Singapur.

Buchstaben-Code

Der universelle Code des *Praktikers* ist in den Jungschen Persönlichkeitstypologien ISTP.

Mehr:

Jarosław Jankowski
Ihr Persönlichkeitstyp: Praktiker (ISTP)

Der Reformer (ENTP)

Lebensmotto: *Und wenn man versuchen würde, es anders zu machen?*

Ideenreich, originell und unabhängig. *Reformer* sind Optimisten. Sie sind energisch und unternehmerisch. Wahrhaftige Tatmenschen, die gerne im

Zentrum des Geschehens sind und „unlösbare Probleme" lösen. Sie sind an der Welt interessiert, risikofreudig und ungeduldig. Visionäre, die offen für neue Ideen sind. Sie mögen neue Erfahrungen und Experimente. Ferner erkennen sie die Verbindungen zwischen einzelnen Ereignissen und sind mit ihren Gedanken in der Zukunft.

Spontan, kommunikativ und selbstsicher. *Reformer* neigen dazu, ihre eigenen Fähigkeiten zu überschätzen. Darüber hinaus haben sie Probleme damit, etwas zu Ende zu bringen.

Natürliche Veranlagungen des *Reformers*

- Die Quelle seiner Lebensenergie: seine äußere Welt.
- Informationsaufnahme: Intuition.
- Art und Weise wie Entscheidungen getroffen werden: Verstand.
- Lebensstil: spontan.

Ähnliche Persönlichkeitstypen

- *Direktor*
- *Logiker*
- *Stratege*

Statistische Angaben

- *Reformer* stellen ca. 3-5 % der Gesellschaft dar.
- Unter *Reformern* überwiegen Männer (70 %).
- Das Land, welches dem Profil des *Reformers* entspricht, ist Israel.

Buchstaben-Code

Der universelle Code des *Reformers* ist in den Jungschen Persönlichkeitstypologien ENTP.

Mehr:

Jarosław Jankowski
Ihr Persönlichkeitstyp: Reformer (ENTP)

Der Stratege (INTJ)

Lebensmotto: *Das lässt sich perfektionieren!*

Unabhängige, herausragende Individualisten, die über unglaublich viel Energie verfügen. Sie sind kreativ und einfallsreich. Von anderen werden sie als kompetente und selbstsichere Menschen angesehen, wenngleich sie distanziert und enigmatisch wirken. *Strategen* betrachten alle Angelegenheiten aus einer breiten Perspektive. Sie möchten ihre Umwelt perfektionieren und ordnen.

Strategen sind gut organisiert, verantwortungsbewusst, kritisch und anspruchsvoll. Es ist schwer, sie aus dem Gleichgewicht zu bringen. Zugleich ist es aber auch nicht einfach, sie völlig zufrieden zu stellen. Ihre Natur erschwert es ihnen, die Gefühle und Emotionen anderer Menschen zu erkennen.

Natürliche Veranlagungen des *Strategen*

- Die Quelle seiner Lebensenergie: seine innere Welt.
- Informationsaufnahme: Intuition.

- Art und Weise wie Entscheidungen getroffen werden: Verstand.
- Lebensstil: organisiert.

Ähnliche Persönlichkeitstypen

- *Logiker*
- *Direktor*
- *Reformer*

Statistische Angaben

- *Strategen* stellen ca. 1-2 % der Gesellschaft dar.
- Unter *Strategen* überwiegen Männer (80 %).
- Das Land, welches dem Profil des *Strategen* entspricht, ist Finnland.

Buchstaben-Code

Der universelle Code des *Strategen* ist in den Jungschen Persönlichkeitstypologien INTJ.

Mehr:

Jarosław Jankowski
Ihr Persönlichkeitstyp: Stratege (INTJ)

Der Verwalter (ESTJ)

Lebensmotto: *Erledigen wir diese Aufgabe!*

Fleißig, verantwortungsbewusst und überaus loyal. Energisch und entschieden. Sie schätzen Ordnung, Stabilität, Sicherheit und klare Regeln. *Verwalter* sind sachlich und konkret. Sie sind logisch, rational und praktisch. Sie vermögen es, sich eine große Menge detaillierter Informationen anzueignen.

Hervorragende Organisatoren, die Ineffizienz, Verschwendung und Faulheit nicht dulden. Sie sind ihren Überzeugungen treu und aufgeschlossen gegenüber anderen Menschen. Sie legen ihre Meinung entschieden dar und üben offen Kritik aus, weswegen sie manchmal ungewollt andere Menschen verletzen.

Natürliche Veranlagungen des *Verwalters*

- Die Quelle seiner Lebensenergie: seine äußere Welt.
- Informationsaufnahme: Sinne.
- Art und Weise wie Entscheidungen getroffen werden: Verstand.
- Lebensstil: organisiert.

Ähnliche Persönlichkeitstypen

- *Animateur*
- *Inspektor*
- *Praktiker*

Statistische Angaben

- *Verwalter* stellen ca. 10-13 % der Gesellschaft dar.
- Unter *Verwaltern* überwiegen Männer (60 %).
- Das Land, welches dem Profil des *Verwalters* entspricht, sind die USA.

Buchstaben-Code

Der universelle Code des *Verwalters* ist in den Jungschen Persönlichkeitstypologien ESTJ.

Mehr:

Jarosław Jankowski
Ihr Persönlichkeitstyp: Verwalter (ESTJ)

Anhang

Die vier natürlichen Veranlagungen

1. Dominierende Quelle der Lebensenergie

   o ÄUSSERE WELT
     Menschen, die ihre Energie aus der
     Umwelt schöpfen, die Aktivitäten und
     Kontakt mit anderen Menschen benö-
     tigen. Sie vertragen längere Einsam-
     keit nur schlecht.

   o INNERE WELT
     Menschen, die ihre Energie aus ihrem
     Innern schöpfen, die Ruhe und Ein-
     samkeit brauchen. Sie fühlen sich er-
     schöpft, wenn sie längere Zeit mit an-
     deren Menschen verbringen.

2. Dominierende Art, Informationen aufzunehmen

   o SINNE
     Menschen, die auf ihre fünf Sinne
     vertrauen. Sie glauben an Fakten und
     Beweise und mögen erprobte Metho-
     den sowie praktische und konkrete
     Aufgaben. Sie sind Realisten, die sich
     auf ihre Erfahrung stützen.

   o INTUITION
     Menschen, die auf ihren sechsten Sinn
     vertrauen. Sie lassen sich durch Vor-
     ahnungen leiten und mögen innova-
     tive Lösungen sowie Probleme theo-
     retischer Natur. Sie zeichnen sich
     durch eine kreative Herangehensweise
     sowie die Fähigkeit aus, Dinge vor-
     herzusehen.

3. Dominierende Art, Entscheidungen zu treffen

   o VERSTAND
     Menschen, die sich nach ihrer Logik
     und objektiven Regeln richten. Sie
     sind kritisch und direkt, wenn sie ihre
     Meinung äußern.

   o HERZ
     Menschen, die sich nach ihren Emp-
     findungen und Werten richten. Sie

streben nach Harmonie und Einver-
ständnis mit anderen.

4. Dominierender Lebensstil

o ORGANISIERT
Menschen, die pflichtbewusst und organisiert sind. Sie schätzen Ordnung
und mögen es, nach Plan zu handeln.

o SPONTAN
Flexible Menschen, die ihre Freiheit
schätzen. Sie erfreuen sich des Augen-
blicks und finden sich gut in neuen Situationen zurecht.

Geschätzter Anteil der einzelnen Persönlichkeitstypen an der Bevölkerung (in %)

Persönlichkeitstyp	Anteil
Animateur (ESTP):	6 – 10 %
Anwalt (ESFJ):	10 – 13 %
Berater (ENFJ):	3 – 5 %
Betreuer (ISFJ):	8 – 12 %
Direktor (ENTJ):	2 – 5 %
Enthusiast (ENFP):	5 – 8 %
Idealist (INFP):	1 – 4 %
Inspektor (ISTJ):	6 – 10 %
Künstler (ISFP):	6 – 9 %
Logiker (INTP):	2 – 3 %
Mentor (INFJ):	ca. 1 %

Moderator (ESFP):	8 – 13 %
Praktiker (ISTP):	6 – 9 %
Reformer (ENTP):	3 – 5 %
Stratege (INTJ):	1 – 2 %
Verwalter (ESTJ):	10 – 13 %

Geschätztes prozentuales Verhältnis von Frauen und Männern je nach Persönlichkeitstyp

Persönlichkeitstyp	Frauen/Männer
Animateur (ESTP):	40 % / 60 %
Anwalt (ESFJ):	70 % / 30 %
Berater (ENFJ):	80 % / 20 %
Betreuer (ISFJ):	70 % / 30 %
Direktor (ENTJ):	30 % / 70 %
Enthusiast (ENFP):	60 % / 40 %
Idealist (INFP):	60 % / 40 %
Inspektor (ISTJ):	40 % / 60 %
Künstler (ISFP):	60 % / 40 %
Logiker (INTP):	20 % / 80 %
Mentor (INFJ):	80 % / 20 %
Moderator (ESFP):	60 % / 40 %
Praktiker (ISTP):	40 % / 60 %
Reformer (ENTP):	30 % / 70 %
Stratege (INTJ):	20 % / 80 %
Verwalter (ESTJ):	40 % / 60 %

Literaturverzeichnis

- Arraj, J. (1990): *Tracking the Elusive Human, Volume 2: An Advanced Guide to the Typological Worlds of C. G. Jung, W.H. Sheldon, Their Integration, and the Biochemical Typology of the Future*. Midland, OR: Inner Growth Books.

- Arraj, J. / Arraj, T. (1988): *Tracking the Elusive Human, Volume 1: A Practical Guide to C.G. Jung's Psychological Types, W.H. Sheldon's Body and Temperament Types and Their Integration*. Chiloquin, OR: Inner Growth Books.

- Berens, L. V. / Cooper, S. A. / Ernst, L. K. / Martin, C. R. / Myers, S. / Nardi, D. / Pearman, R. R./Segal, M./Smith, M. A. (2002): *Quick Guide to the 16 Personality Types in Organizations: Understanding Personality Differences in the Workplace*. Fountain Valley, CA: Telos Publications.

- Geier, J. G./Downey, D. E. (1989): *Energetics of Personality*: Success Through Quality

Action. Minneapolis, MN: Aristos Publishing House.

- Hunsaker, P. L. / Alessandra, T. (1986): *The Art of Managing People*. New York, NY: Simon and Schuster.
- Jung, C. G. (1995): *Psychologische Typen*. Ostfildern: Patmos Verlag.
- Kise, J. A. G. / Krebs Hirsh, S. / Stark, D. (2005): *LifeKeys: Discover Who You Are*. Bloomington, MN: Bethany House.
- Kroeger, O. / Thuesen, J. M. (1988): *Type Talk or How to Determine Your Personality Type and Change Your Life*. New York, NY: Delacorte Press.
- Lawrence, G. D. (1997): *Looking at Type and Learning Styles*. Gainesville, FL: Center for Applications of Psychological Type.
- Lawrence, G. D. (1993): *People Types and Tiger Stripes*. Gainesville, FL: Center for Applications of Psychological Type.
- Maddi, S. R. (2001): *Personality Theories: A Comparative Analysis*. Long Grove, IL: Waveland Press.
- Martin, C. R. (2001): *Looking at Type: The Fundamentals Using Psychological Type To Understand and Appreciate Ourselves and Others*. Gainesville, FL: Center for Applications of Psychological Type.
- Meier, C. A. (1986): *Persönlichkeit: Der Individuationsprozess im Lichte der Typologie C. G. Jungs*. Einsiedeln: Daimon.
- Pearman, R. R. / Albritton, S. C. (2010): *I'm Not Crazy, I'm Just Not You: The Real Meaning*

of the Sixteen Personality Types. Boston, MA: Nicholas Brealey Publishing.

- Segal,M. (2001): *Creativity and Personality Type: Tools for Understanding and Inspiring the Many Voices of Creativity.* Fountain Valley, CA: Telos Publications.
- Sharp, D. (1987): *Personality Type: Jung's Model of Typology.* Toronto: Inner City Books.
- Spoto, A. (1995): *Jung's Typology in Perspective.* Asheville, NC: Chiron Publications.
- Tannen, D. (1990): *You Just Don't Understand:* Women and Men in Conversation. New York, NY: William Morrow and Company.
- Thomas, J. C. / Segal, D. L. (2005): *Comprehensive Handbook of Personality and Psychopathology, Personality and Everyday Functioning.* Hoboken, NJ: Wiley.
- Thomson, L. (1998): *Personality Type: An Owner's Manual.* Boston, MA: Shambhala.
- Tieger, P. D./Barron-Tieger, B. (2000): *Just Your Type: Create the Relationship You've Always Wanted Using the Secrets of Personality Type.* New York, NY: Little, Brown and Company.
- Von Franz, M.-L. / Hillman, J. (1971): *Lectures on Jung's Typology.* New York, NY: Continuum International Publishing Group

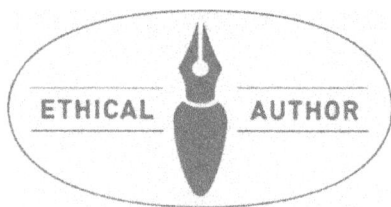

Der Leser steht an erster Stelle.

Eine Autorenkampagne
der Alliance of Independent Authors

www.ingramcontent.com/pod-product-compliance
Lightning Source LLC
Chambersburg PA
CBHW031207020426
42333CB00013B/819